샤샤미우

작은 숲에 사는 엉뚱한 동물 친구들의 따뜻하고 유쾌한 이야기를 쓰고 그립니다.
마음을 기분 좋게 하는 것들, 일상에서 만나는 재미난 것들을 캐릭터로 만드는 걸 좋아합니다.
2014년에 『작은 숲의 미우』, 2018년에 『작은 숲』으로 두 번의 개인전을 진행하였고,
2016년 블로그에 『작은 숲의 미우』 그림 동화를 연재하면서 즐거운 이야기를 계속 만들어 가고 있습니다.
이 책은 그중 하나인 '스킹'의 이야기입니다.

소다 사막에서 발견된 어디에도 없는 발명품 이야기
스킹의 발명 노트 지은이 샤샤미우

초판 1쇄 펴낸날 2021년 9월 25일 초판 2쇄 펴낸날 2022년 8월 1일
펴낸이 김병오 **편집장** 이향 **외주편집** 변지현 **편집** 김샛별 안유진 **디자인** 정상철 배한재 **홍보마케팅** 한승일 이서윤 강하영
펴낸곳 (주)킨더랜드 **등록** 제406-2015-000037호 **주소** 경기도 파주시 회동길 512 B동 3F
전화 031-919-2734 **팩스** 031-919-2735
ISBN 978-89-5618-033-5 77810
제조자 (주)킨더랜드 **제조국** 대한민국 **사용연령** 5세 이상

소다 사막에서 발견된 어디에도 없는 발명품 이야기 스킹의 발명 노트 ⓒ 샤샤미우 2021
• 신저작권법으로 보호받는 저작물이므로 저작권자의 서면 동의 없이 다른 곳에 옮겨 싣거나 베껴 쓸 수 없으며 전산장치에 저장할 수 없습니다.

소다 사막에서 발견된 어디에도 없는 발명품 이야기

스킹의 발명 노트

샤샤미우 지음

킨더랜드

스킹의 발명품 목록

구름 모자

방귀 의자

벼락 연필

말하는 혀

눈 깜짝할 새

삐듬이

달팽이 모자

먹깨비 장갑

손가락 지팡이

속마음 거울

등장인물

스킹(Skink)

소다 사막의 발명가 도마뱀.
무엇이든 고치는 걸 좋아하며,
귀엽고 엉뚱한 발명품을 만드는 걸 좋아한다.
달을 보며 하루 중 행복했던 순간을 떠올리는 것도 좋아한다.
발명을 위해 꼭 필요한 세 가지를 꼽으라면
초콜릿과 달, 그리고 낮잠이다.

- 흉내 내기.
- 늘 실험한다 (실패는 덤).
- 연습 벌레.
- 혼자 놀기의 달인.
- 아무것도 하지 않는 시간을 좋아한다.
- 관찰하는 걸 좋아한다.
- 완벽주의자.
- 호기심 많음.
- 질문 왕.
- 고치는 걸 좋아한다.
- 마음 고치기.
- 낯을 가린다.
- 절대 파워를 얻고 싶어 한다.
- 엉뚱한 생각(상상)을 많이 한다.
- 하지만 몸치.
- 음악을 좋아하고 흥이 많다.
- 절대 파워 = 달빛 에너지.

미우(Miu)

작은 숲에 사는 화가 고양이.

덩치만큼이나 마음이 넓지만 어리숙하고 겁이 많다. 방향 감각이 없어 길을 잘 잃어버린다. 스케치북과 연필을 가지고 다녀야 마음이 안정된다.

친구들을 소중하게 생각하며, 고민이 있을 때마다 스킹을 찾아간다.

비바(Viva)

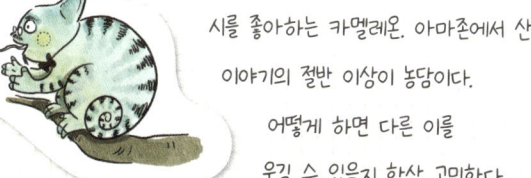

미우와 함께

작은 숲에 사는 뱁새.

스킹의 소꿉친구이며 청소와 정리 정돈을

좋아한다. 잘 어지르는 미우에게 늘 잔소리를 한다.

남의 일에 관심이 많은 만큼 관심을 받는 것도 좋아한다.

늘 어딘가로 떠나고 싶어 한다.

키(Kee)

작은 숲의 마법사 나무.

친구들을 도와주기 위해 마법을 쓰지만,

실수로 종종 친구들을 곤란에 빠뜨리기도 한다.

숲 친구들에게 즐거움을 주는 분위기 메이커.

멜(Mel)

시를 좋아하는 카멜레온. 아마존에서 산다.

이야기의 절반 이상이 농담이다.

어떻게 하면 다른 이를

웃길 수 있을지 항상 고민한다.

타샤(Tasha)

미우와 비바가

즐겨 찾는 아마존 식당을

운영하는 요리사 악어. 달걀프라이 정도는 눈 감고 할 정도로 요리에 자신감이 넘친다. 여러 가지 모양의 프라이팬을 가지고 있는데 모두 달걀프라이용이다.

핑(Ping)

구름섬에서 태어난 뮤지션 애벌레.

우쿨렐레의 경쾌한 소리를 좋아한다.

주로 음악으로 감정 표현을 하며,

차분하고 평화로운 성격을 갖고 있다.

스킹의 작업실

소다 사막에서 제일 높은 사구아로 타워 꼭대기 층에는 스킹의 작업실이 있다. 낮에는 여러 가지 발명과 실험을 하고 밤에는 발명할 때 필요한 달빛을 모은다. 스킹은 작업실에서 하루 동안 있었던 일을 글로 쓰거나, 복잡한 생각을 정리하거나, 이 세상에 아직 없는 새로운 것을 만들 궁리를 한다. 작업실로 내리쬐는 달빛은 스킹이 자신의 내면에 잘 집중할 수 있게 도와준다.

생각의 계단

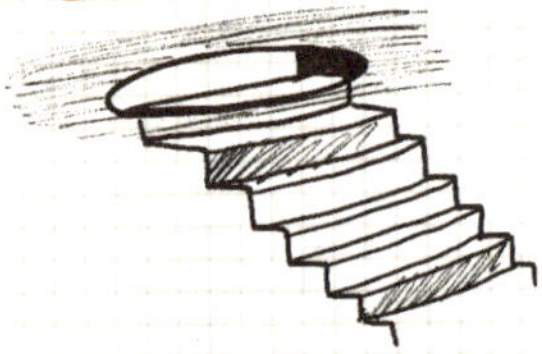

고민이 좀처럼 풀리지 않을 때 계단의 개수를 세며 내려간다.

이 계단의 비밀은 계단 모양을 마음대로 바꿀 수 있다는 것이다.

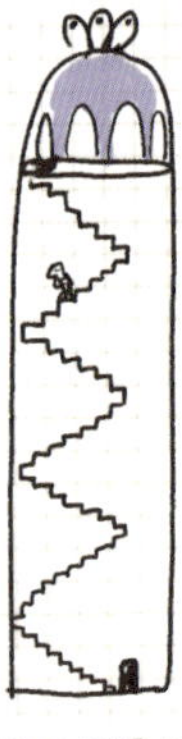

사구아로 타워

생각이 많은 날.

아무것도 생각하기 싫은 날.

쉬엄쉬엄 생각하고 싶은 날.

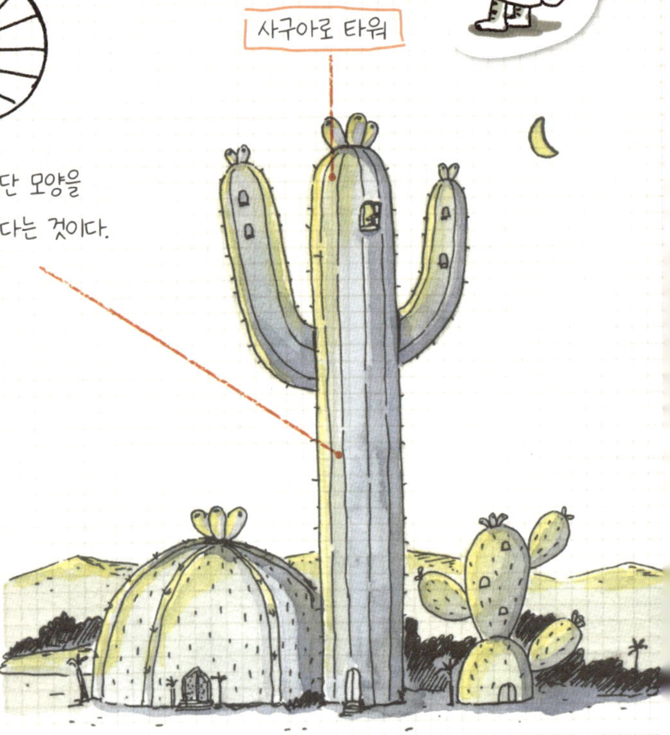

구름 모자

체크 사항

- ☐ 마음껏 운다면 눈물이 얼마만큼 모일까?
  하루에 흘릴 수 있는 눈물양의 최대치를 측정해 봐야겠다.
  한 시간? 세 시간? 여섯 시간 동안 울 수 있을까?
- ☐ 구름 모자가 머금을 수 있는 눈물의 양은 얼마나 될까?
- ☐ 눈물 많은 친구에게 도움 구하기.
- ☐ 눈물양 실험을 위한 표 만들기.
- ☑ 눈물을 구하는 광고 전단지 만들기.

어제는 미우가 밥을 먹다가 갑자기 펑펑 울었다. 미우는 우리를 곤란하게 만들기 싫었는지 어떻게든 눈물을 참는 것 같았다. 미우는 입술도 깨물고 눈도 질끈 감았지만 흘러나오는 눈물은 어쩔 수 없었다. 비바와 나는 조용히 한참을 지켜보다 왜 울었냐고 물었다. 미우는 자신도 그 이유를 모르겠다고 했다. 이렇게 갑자기 눈물이 터져 나올 땐 어떻게 해야 할까? 참지 않고 마음껏 운다면 마음 한편도 시원해질 텐데……

구름이 흩어지지 않게 조심조심 머리에 얹는다.

얼굴이 가려지도록 푹 눌러쓴다.

구름 모자 안내서

눈물을 너무 많이 흘리면 비가 되어 내린다.

화가 나면 번개가 친다.

맑은 날에 울면 안개가 생긴다.

모자를 쓰고 감정을 표출하면
뇌파가 감지돼 다양한 기상 현상이 일어난다.

①
평소엔 작은 구름 한 조각.

②
유리병에서 살며시 꺼내

③
눈물 한 방울 떨어뜨리면

④
커다란 구름 모자로 변한다.

구름 모자의 구름은 구름섬에서 가져왔다.
해를 머금고 있어서 눈물이 금세 마른다.

* 구름섬: 분홍빛 구름이 가득한 섬으로,
애벌레 '핑'의 고향이다.

울다가 웃으면
무지개가 뜬다.

걸어 다니면서
울 수 있다.

다 쓴 모자는 햇볕에 말린 후,
다시 조각구름 상태가 되면 유리병에 담아 보관한다.

방귀 의자

며칠째 속이 부글거린다. 달걀프라이가 잘못된 걸까? 그것도 아니면 초콜릿? 오늘 아침에는 친구들과 밥을 먹다가 나도 모르게 방귀를 뀌고 말았다. 삽시간에 지독한 냄새가 퍼졌고 비바는 그 냄새에 잠깐 기절까지 했다. 내 얼굴은 금방이라도 터질 듯 빨개졌다. 방귀에서 좋은 냄새가 난다면 이렇게 창피하지 않을 거다. 방귀 냄새는 왜 이렇게 지독한 거지?

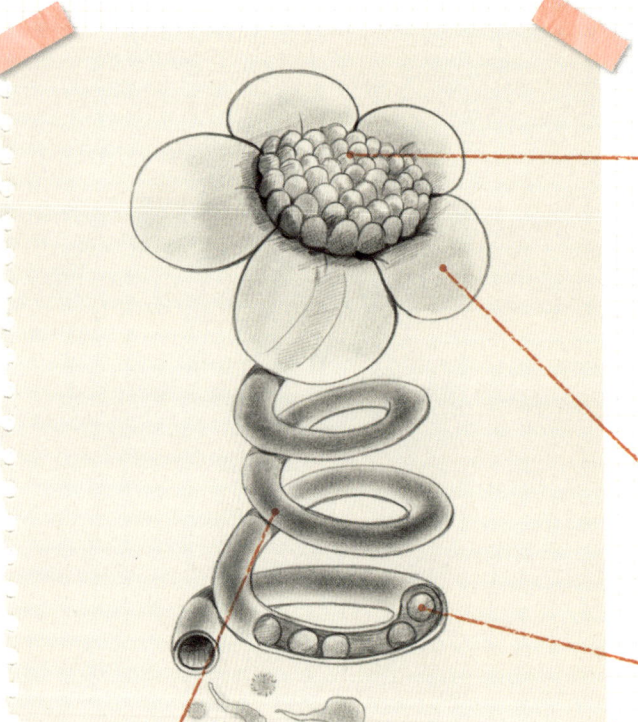

소리와 냄새를 흡수하는 꽃술 쿠션
(꽃술 사이에 작은 구멍이 있다).

앉으면 오므라드는 다섯 장의 꽃잎은 소리가 퍼지는 걸 막고, 냄새를 최대한 모아 준다.

스프링 속에 들어 있는 향기 구슬이 냄새를 흡수하고 향기를 뿜어낸다(세 가지 향).

세 번 꼬인 스프링은 방귀의 진동을 줄여 준다.

숲향   바다 향   사막 향

* 좀 더 다양한 향을 개발 중이다.

방귀 의자 사용 방법

신호가 오면   의자에 사뿐히 앉는다.   배에 힘을 준다.

속이 편안해질 때까지
무한 반복한다.   냄새를 맡아 본다.   배에 힘을 뺀다.

방귀 의자 청소 방법

먼저 꽃술 쿠션의 먼지를 털고
샤워기로 작은 구멍 사이를 구석구석 헹군다.   스프링 안은 진공청소기로
빨아들인다.

벼락 연필

벼락 맞은 나무를 깎아서 만들었다.

무엇이든 쓰기만 하면
외워지는 연필
(단, 일주일 동안만 기억할 수 있다).

* 주의: 잘못 쓰면 잘못 쓴 대로 외워진다.

기억력이 예전 같지 않다. 간단한 수학 공식이나 소행성 이름은 물론, 예전에 자주 먹었던 초콜릿 이름조차 가물거린다. 매일매일 메모해도 소용없다. 메모지를 어디에 두었는지 까먹으니까.
내일은 티티우스 외계어 시험 날이다. 쓰기만 하면 머릿속에 저절로 기억되는 연필이 있었으면 좋겠다. 그럼 더 이상 시험이 두렵지만은 않을 텐데.

좋아하지만 도저히
연주할 엄두가 나지
않는 곡의 악보.
벼락 연필로 외울 수 있다면?

말하는 혀

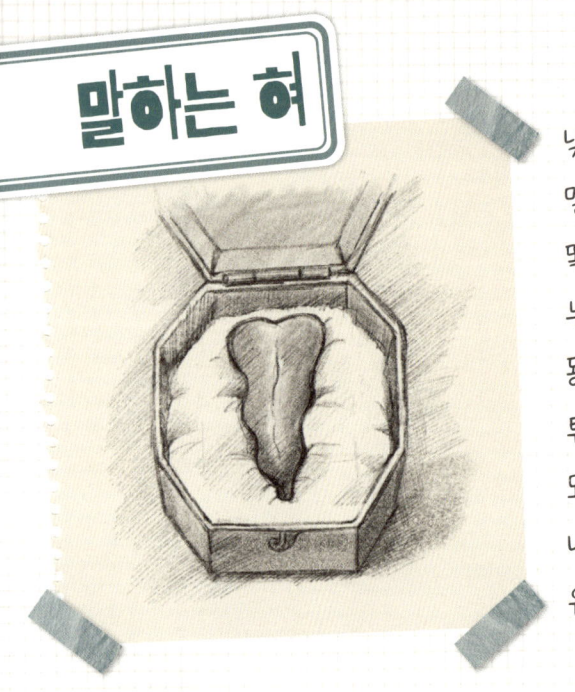

낮에는 식당 일을 하고 밤에는 시를 쓰는 멜 아저씨는 뭐든지 술술 재미있게 이야기한다. 똑같은 이야기라도 멜 아저씨가 말하면 모두 빠져들어 듣는다. 누구든 사로잡는 말의 힘은 어디서 나오는 걸까? 동그랗게 말린, 얇고 긴 혀? 아니면 말할 때마다 사방으로 튀는 침? 궁금증을 해결하기 위해 몰래 멜 아저씨의 침을 모으기 시작했다. 이 침을 잘 사용해 발명품을 만든다면 나도 말을 잘할 수 있겠지? 이제 하고 싶은 말을 자유롭고 유창하게 할 날이 얼마 남지 않았다!

말하는 혀 제작 과정

① 멜 아저씨 침 몰래 모으기.

시를 좋아하는 멜 아저씨. 한 시간에 평균 10mL.

② 요일별 침의 양 측정하기.

* 술을 많이 마시는 금요일 밤이 침의 양이 가장 많음!

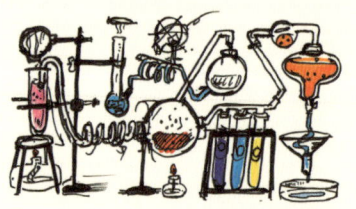

멜 아저씨의 침에서 '말 잘하는 성분'을 추출하기 위해 열 번 이상 증류했다.

③ 침 증류하기.

혀와 가장 비슷한 촉감의 실리콘. 증류한 멜 아저씨의 침.

④ 실리콘 틀 뜨기.

어떤 혀 모양이 좋을까?

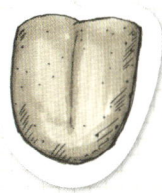 동그란 혀
너무 짧아.

 꽈배기 혀
발음이 꼬이려나?

 족집게 혀
핵심을 콕 집어서 말하는 혀.
단 발음이 새는 부작용이 있어.

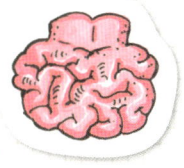 뇌 혀
아이디어가 마구마구 샘솟는 혀?

 물결 혀
물 흐르듯이 자연스럽고 유창하게 말하는 혀.

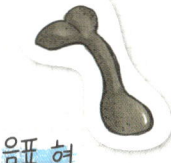 음표 혀
노래하듯 신나게 말하는 혀!

 나비 혀
나비처럼 우아하게 말하고 싶어. 꿀도 빨 수 있지.

23800년 10월 6일
작은 숲에 사는 미우와 비바에게 열 시간 넘게 이야기했다.
말하는 혀를 제작한 지 일 년 만에 드디어 성공!
멜 아저씨만큼은 아니지만 둘은 내 이야기를 듣고 꽤 즐거워했다.

* 부작용 : 혀가 얼얼하다.
　　　　　침이 너무 많이 튄다.

23800년 80월 200일
침 튀는 걸 보완하고 길에서 보초를 서던 미어캣에게 대화를 시도했다.

* 부작용 : 다섯 시간 정도 지나자 아무 말이 막 튀어나왔다.

너무 큼.　　너무 김.　　마음대로 움직임.

눈 깜짝할 새

비바가 알려 준 빨리 잠드는 방법

별자리 이름 붙이기.

아침마다 모래 수영하기.

ASMR 듣기.

선인장 등반하기.

어찌 된 일인지 지난주부터 밤에 잠이 오지 않는다. 하루 종일 실패한 발명품들을 생각해서일까? 비바가 알려 준 빨리 잠드는 방법은 나에게 아무 소용이 없었다. 자고 싶을 때 잘 수 있는 새로운 발명품을 만들어야겠다. 푹 자고 일어나면 몸도 마음도 다시 새로워지겠지.

 눈 깜짝할 새 기능

수면 모자: 잠이 들 때까지 작은 양들이 계속 나온다.

구름 제조기: 방 안 가득 구름을 채워 꿈속에 있는 것 같은 착각에 빠지게 한다.

부리: 노래하는 애벌레가 나와 자장가를 불러 준다.

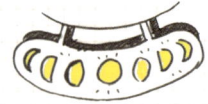
달빛 조명: 깊은 잠에 들수록 서서히 어두워진다. 완벽하게 잠들면 조명이 꺼진다.

날개: 버튼을 누르면 폭신한 날개가 쓰다듬어 준다.

삐듬이

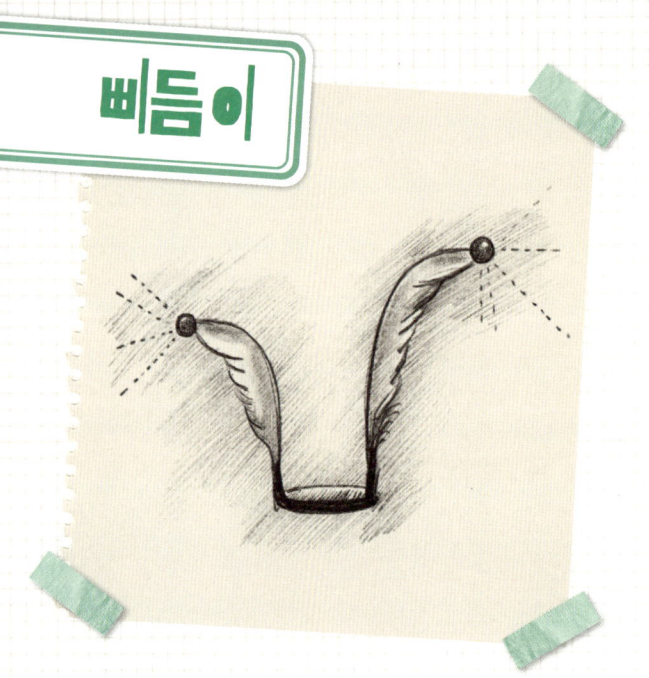

위장하기 좋은
나뭇잎 삐듬이

휴대가 간편한
접이식 삐듬이

삐침 파동을 감지하는
레이더 삐듬이

느리지만 섬세한
달팽이 삐듬이

마음의 종류는 다양하고, 그 마음은 표정이나 행동을 통해 나타난다. 그런데 삐친 마음은 아주 미묘해서 좀처럼 알아차리기 힘들다. 표정만 보고 화가 난 건지, 속상한 건지 알기 어렵기 때문이다. 그래서 숲에서 제일 예민한 비바의 깃털을 이용해 '삐듬이'를 만들었다. 이 더듬이는 삐쳤을 때의 서운함과 속상함, 그리고 관심받기를 바라는 마음을 예리하게 감지한다. 다행이다. 누군가가 더 토라지기 전에 눈치채고 달래 줄 수 있다.

삐듬이 시그널

* 항상 삐쳐 있는 이의 주위에서는 예의상 착용 금지!

평상시.   삐침 감지.   여러 방향에서 삐침 감지.   자신이 삐침.   폭발 직전.   배터리 교체 신호.

삐돌이 다이어리

삐쳐 있는 비바에게 장난쳤다가 혼이 났다.

비바가 스물세 시간째 삐쳐 있다.

처음으로 동시에 삐치는 경우가 발생했다.

나도 삐칠 수 있다는 걸 깨달았다.

달팽이 모자

오늘은 머릿속이 너무 바빴다.
불쑥불쑥 떠오르는 많은 생각 때문에 힘들었다.
생각을 조금 쉬고 싶어 무지개 폭포에 갔는데 우연히
달푼이 할머니를 만났다. "쫓기기 시작하면 아무것도
할 수 없어. 그냥 흐르도록 내버려 두어야 한단다."
할머니는 따듯한 조언과 함께 달팽이 집을 빌려주었다.
달팽이 집을 가만히 머리 위에 얹으니 곧 마음이
차분해지고 생각이 천천히 흘렀다. 쓸데없는 잡념이
사라지자 어떤 생각에 집중해야 하는지 그제야
알 수 있었다.

이럴 때 사용해요!

잠이 부족할 때.

마음을 편하게 하고 싶을 때.

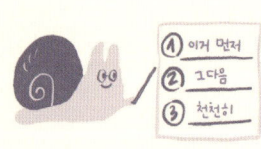

일의 순서를 정하고 싶을 때.

먹깨비 장갑

요 며칠 먹은 것도 없는데 배가 아파서 병원에 갔다. '스트레스성 장염'이라고 했다. 스트레스, 스트레스……. 눈에 보이지도 않는 게 나를 괴롭히다니. 생각하면 할수록 스트레스가 번식하는 기분이다. 스트레스는 화, 예민함, 짜증, 우울 등 다양한 형태로 나를 괴롭힌다. 이런 스트레스 따위 다 먹어 치우는 먹깨비 장갑을 만들면 어떨까? 그럼 행복한 순간들이 더 많아지지 않을까?

사소한 짜증이 뭉쳐 생긴 스트레스.

예민한 마음.

화를 내도 사라지지 않는 마음의 응어리들.

머리에 달린 센서로 우리 눈에 보이지 않는 67,842,469개의 스트레스를 감지한다.

화 1단계.

화 덩어리.

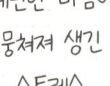

예민한 마음이 뭉쳐져 생긴 스트레스.

화가 나서 터지기 직전의 스트레스.

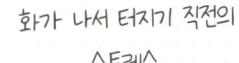

사소한 것 같지만 계속 신경 쓰이는 조각.

 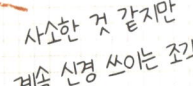

* 주의: 뜨거운 냄비를 잡는 데 사용할 경우 스트레스를 토해 낼 수 있음.

손가락 지팡이

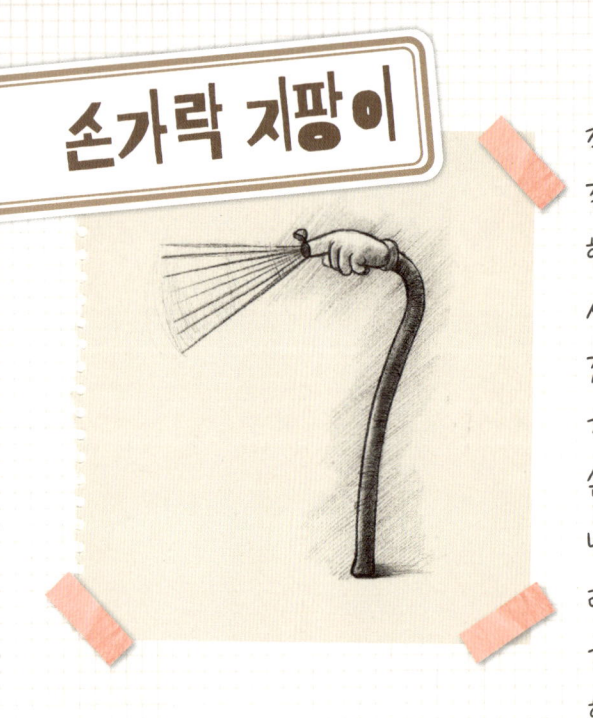

작은 숲에서 가장 오래 산 미우는 시도 때도 없이 길을 잃는다. 한번은 너무 신기해서 물었더니 "난 모든 길이 항상 새로워."라고 대답했다. 지난번 우리 집에 초대했을 땐 사흘 만에 겨우 찾아왔고, 아마존의 타샤 부인 집에 갔을 땐 야자수를 구경하다 길을 잘못 들어 늦은 밤에 겨우 도착했다. 그래서 나는 미우를 위해 길을 안내해 주는 손가락 지팡이를 만들었다. 작은 숲의 마법사 키에게 받은 나무로 만든 이 지팡이는 원하는 곳만 이야기하면 무지개 레이저가 목적지의 방향을 알려 준다. 지팡이의 손을 꼭 잡고 가기만 하면 길을 잃을 일이 없다. 이제 더 이상 미우를 한없이 기다리지 않아도 된다.

목적지를 비춰 준다.

작은 숲의 마법사 '키'에게 받은 나무.

가고 싶은 곳의 방향과 일치하면 무지개 레이저가 생긴다.

단면.

무지개 나이테.

가고 싶은 곳을 말해 봐.

소다 사막!

구름섬(핑의 고향)
목적지와 정반대 방향에 있음.
샐비어 꽃밭
샐비어를 좋아해서 절대 안 헤맴.
작은 숲
미우와 비바가 사는 곳.
출발지
무지개 폭포
배를 타는 선착장이 있다.
MAP OF THE LITTLE FOREST
소다 사막
우리 집.
최종 목적지
아마존 식당
타샤 부인이 사는 곳.

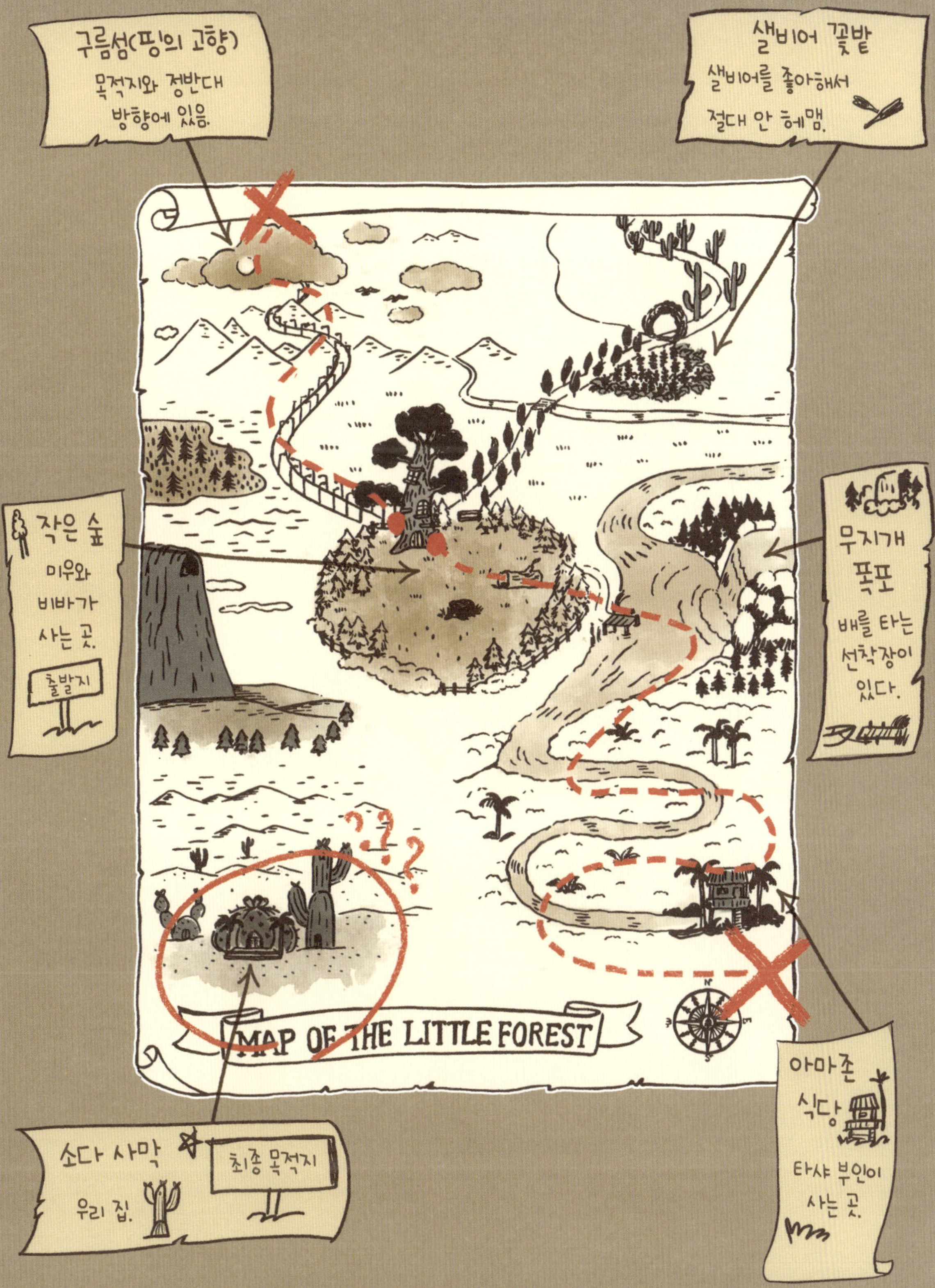

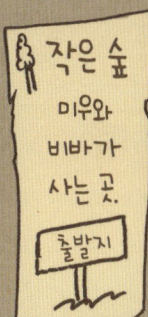

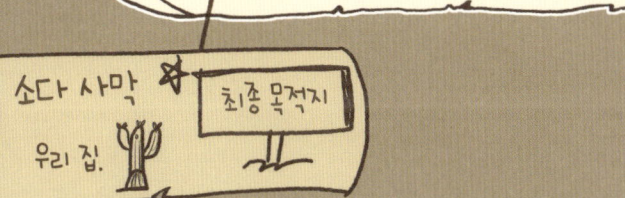

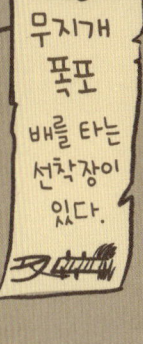

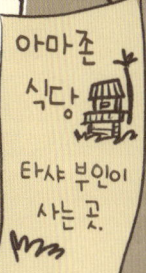

속마음 거울

눈에 보이지 않아서일까?
마음은 빛보다 빠르게 변한다.
그래서 진짜 마음을 찾기가 어렵다.
잠깐 스치는 마음도 내 진심일까?
진짜 속마음을 찾으려면 어떻게 해야 할까?
끊임없이 스스로에게 질문해야 한다.
진심에 닿기 위해 나를 들여다보는 연습이 필요하다.
마음속 거울을 들여다보는 연습.

속마음 거울 사용 방법

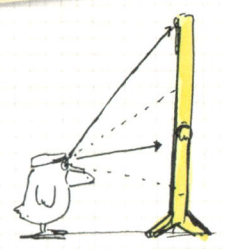

고양이 눈과 마주 본 다음, 거울에 비친 자신의 모습을 확인한다.

속마음을 확인한 후 마음을 차분히 한다.

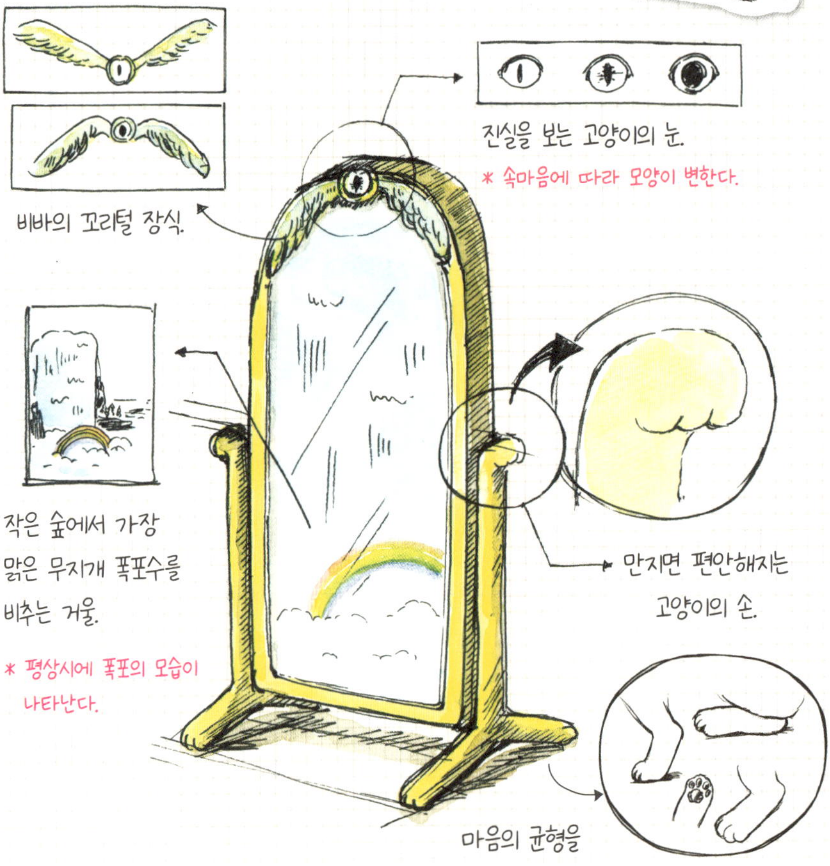

비바의 꼬리털 장식.

작은 숲에서 가장 맑은 무지개 폭포수를 비추는 거울.

* 평상시에 폭포의 모습이 나타난다.

진실을 보는 고양이의 눈.

* 속마음에 따라 모양이 변한다.

만지면 편안해지는 고양이의 손.

마음의 균형을 잡아 주는 고양이의 발.

우주사탕

현실에서 벗어나고 싶을 때 먹으면
사탕이 녹을 때까지 우주에서 머물 수 있다.
오래 있고 싶지만, 사탕이 빨리 녹아 오래 있을 순 없다.
처음 우주에 갔을 땐 아주 작은 먼지가 된 것 같은
느낌에 사탕을 깨물어 먹었다.
하지만 지금은 최대한 천천히 녹여 먹는다.
끝을 알 수 없는 우주를 보고 있으면 그 속으로 빨려 들어갈
것 같다. 저 수많은 별 중 초콜릿칩으로 가득한 별도 있을까?
이렇게 현실이 아닌 다른 세상에서 행복한 상상을
하는 것만으로도 마음이 한결 편하다.

달빛 가루 만들기

달빛 수집 장치
(크리스털 재질).

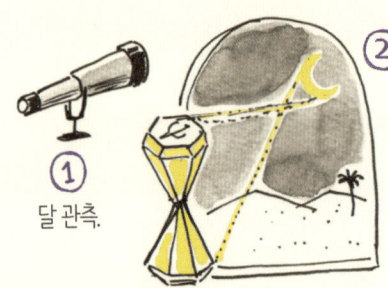

① 달 관측.

② 달빛이 가장 잘 드는 창가에 달빛 수집 장치를 놓아둔다.

③ 수집한 달빛의 불순물을 제거한다.

* 초승달일 때 달빛을 가장 많이 모을 수 있다.

④ 그늘에 말린다.

⑤ 완성된 달빛 가루를 사탕에 뿌린다.

우주사탕 은하계 상상도

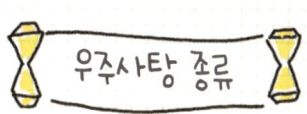

행성에서 사진 한 장 찰칵!

우주사탕 종류

딸기 바나나 향 목성 맛.

솔티 캐러멜 향 화성 맛.

소다 향 지구 맛.

민트 향 토성 맛.

초콜릿 향 천왕성 맛.

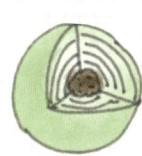
은하수껌 개발 중.

재료: 달빛 가루, 우주 맛 착향료, 별똥 캐러멜.

언제쯤이면 초콜릿칩 행성을 발견할 수 있을까?

안마 망토

비바가 아프다. 샐비어 꿀을 모아서 팔 거라더니 며칠 무리한 모양이다. 이렇게 더운 날에 담요를 덮고 오들오들 떨면서 자는 모습을 보니 마음이 짠하다. 비바에게 슈퍼 히어로의 힘이 담긴 만능 망토를 선물해 주고 싶다. 아픈 곳을 주물러 주는 망토! 입으면 기운이 마구마구 솟아나는 망토! 온몸을 구석구석 야무지게 어루만지는 망토! 아프지 마, 비바야!

안마 망토 사용 방법

위장도 가능?

아픈 곳을 집중적으로 안마한다.

날아갈 듯 가벼운 느낌이 포인트!

자동 쿨러 기능이 있어 한여름에도 입을 수 있다.

* 잘 때 깨지 않게 주물러 주는 수면 모도도 추가할 예정.

목소리 보타이

세상의 모든 존재와 이야기할 수 있다면 어떨까? 새로운 세계가 펼쳐지겠지.
그들의 목소리로 그들의 삶을 살아 보면 내가 이제껏 몰랐던 많은 것들을 이해하고 배려할 수 있을 것 같다. 상대의 목소리를 인식해서 그 언어로 통역해 주는 보타이를 만들었다. 아직 목소리 데이터가 부족해서 여러 가지 목소리를 부지런히 모아야 한다.
내가 좋아하는 세상의 모든 소리를 녹음해야지!
물론 당연히 친구들의 목소리도 녹음할 거다.

누구와 대화해 볼까?

오페라 가수가 되어 노랫소리와 이야기 나누고

장난기 가득한 광대가 되어 공과 말할 거야.

비둘기들에게 불만도 물어보고

나랑 눈도 안 마주치는 고양이들과 이야기하고 싶어.

펭귄을 연구할 때 좋겠는걸?

누구랑 이야기해?
돈가스가 먹고 싶다고?
포크와도 이야기할 수 있을까?

샤샤샤샥(어디서 오셨어요?).

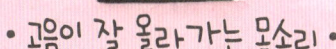

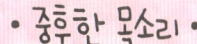

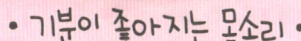

말풍선 풍선

내가 느끼는 감정들, 머릿속의 생각들을 자연스럽고 정확하게 전달할 방법은 없을까?
가끔 툭 뱉은 누군가의 말 한마디에 마음이 상하기도 하고, 내가 한 말이 누군가에게 상처를 주기도 한다. 그럴 때 나는 '후우!' 하고 한숨을 쉰다.
그렇게 내쉬는 숨에 나의 속마음도 함께 털어 낸다면? 직접 말하기에는 부끄러운 말, 꼭 전하고 싶은 날카로운 말, 오해 없이 전하고 싶은 말을 부드럽게 전할 수 있는 말풍선 풍선을 만들자.

다양한 말풍선 풍선

미안해 말풍선 풍선
미안한 마음을 온전히
전하고 싶어.

거절의 말풍선 풍선
거절하는 건 너무 힘들어.
구구절절 이유를 설명하기도
미안하고, 상대방이 기분 나쁘지 않게
거절하는 방법은 없을까?

아무 말 말풍선 풍선
아무 말이나 건네고 싶지만
혹시나 말실수를 할까 봐
걱정될 때 쓰면 딱이야!

분노의 말풍선 풍선
아무리 화를 내도
화가 가라앉지 않을 때,
터질 때까지
부는 것을 추천!

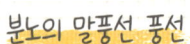

이건 너무 뾰족해!

혼자 있을래 말풍선 풍선
아무에게도 방해받고
싶지 않을 때 혼자 있고 싶은
마음을 담아 이 풍선을 불면 돼.

궁금해 말풍선 풍선

궁금한 건 참기 힘든데
'이런 것까지 물어봐도 될까?'
조심스러울 때 불어 봐.

사랑해 말풍선 풍선

사랑하는 마음은
아무리 말로 해도 부족해서
넘치는 마음을 전하고 싶어.

별의별 말풍선 풍선

시시콜콜하지만
나누고 싶은 이야기를
이 풍선에 담아.

보고 싶어 말풍선 풍선

말로 하면 금방 사라질 것 같은
보고 싶은 마음이 오래오래
전해지면 좋겠어.

소심한 말풍선 풍선

마음에 담고 있기엔 불편하고,
그렇다고 말로 하자니
민망한 말들을 불어 넣어서
상대방에게 전달해!

힘을 내 말풍선 풍선

무작정 '힘내!'라는
말보다 진심 어린 마음과
응원의 기운을 담아서
전하는 거야.

비밀의 말풍선 풍선

아무에게도
들키고 싶지 않은
비밀을 이야기하고
싶을 때 부는 거야.

알 침낭

요즘 나에게 슬럼프가 찾아왔다. 하는 일마다 모두 엉망이다. 심혈을 기울여 발명한 은하수껌은 결국 실패했고, 우주 생활의 꿈은 산산조각이 났다. 게다가 고쳐야 할 발명품도 한둘이 아니다. 엎친 데 덮친 격으로 몸살 기운도 있다. 아, 쉬고 싶다. 오늘은 아무것도 하고 싶지 않다. 이렇게 충전이 필요한 날도 있지.
오늘은 누구에게도 방해받지 않고 온전히 나만의 시간을 가지고 싶다.

기타 알 침낭

A. 메추리알

너무 작음.

B. 개구리알

금세 터짐.

C. 공룡알

넉넉한 사이즈.
그런데 어디서 구하지?

D. 달걀

모양은 제일 맘에 든다.

E. 포도알

온몸에서 포도 냄새가 남.

F. 알약

아무리 그래도 알약은 싫다.

G. 완두콩

이걸 쓰려면 슬럼프를 겪는 이가 셋이나 있어야 함.

자석으로 붙였다 뗄 수 있다.

자석

안에서는 밖이 보인다.

엄마 배 속처럼 편안해.

원하는 대로 꾸밀 수 있다.

지퍼를 달아 볼까?

내 몸에 딱 맞는 크기로 만들어야지.
반으로 쪼개서 쓸 수 있다면 더 좋을 거야.

TEST

혼자가 좋지만 또 완전히 혼자인 건 싫어.

이동이 가능하게 만들어 볼까?

밖에서는 안 보임.

누구에게도 방해받지 않는 나만의 비밀 공간.

강도 테스트

어떤 알이 제일 튼튼한지 실험해 보자.

아무래도 크기 조정이 필요하겠어.

뚜껑은 어디에다가 만들지?

깨지지 않는 특수 재질로 만들어야지.

몸에 딱 맞을수록 아늑하네?

코끼리 마스크

비염이 심한 미우가 마스크를 만들어 달라고 부탁했다.
축 처진 표정으로 너무 힘들다며 쪽지 두 장을 건넸다.
코끼리를 좋아하는 미우니까 코끼리 코 모양은 어떨까?
코를 풀지 않고 정화된 맑은 콧물을 뿌리면서 코끼리들과
신나게 놀 수 있게 해 줘야지.
아, 그리고 지난번 마지막으로 코끼리들을 만났을 때
밀렵꾼 때문에 상아가 잘린 코끼리를 보고 속상했는데
밀렵꾼들이 올 때 코끼리들을 안전하게 대피시킬 수 있도록
나팔 소리가 나는 기능도 넣어야겠다.

비염으로 인해 생기는 일

콧물이 쉴 새 없이 흐른다.

코가 헌다.

주변이 늘 지저분하다.

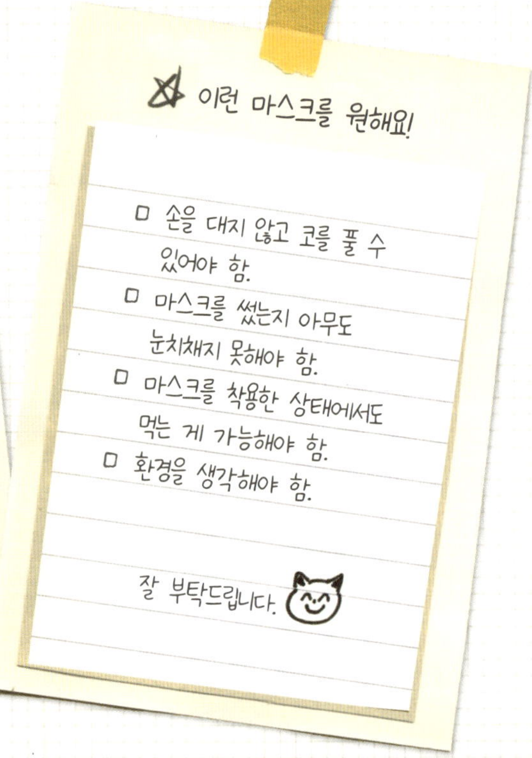

★ 이런 마스크를 원해요!

☐ 손을 대지 않고 코를 풀 수 있어야 함.
☐ 마스크를 썼는지 아무도 눈치채지 못해야 함.
☐ 마스크를 착용한 상태에서도 먹는 게 가능해야 함.
☐ 환경을 생각해야 함.

잘 부탁드립니다.

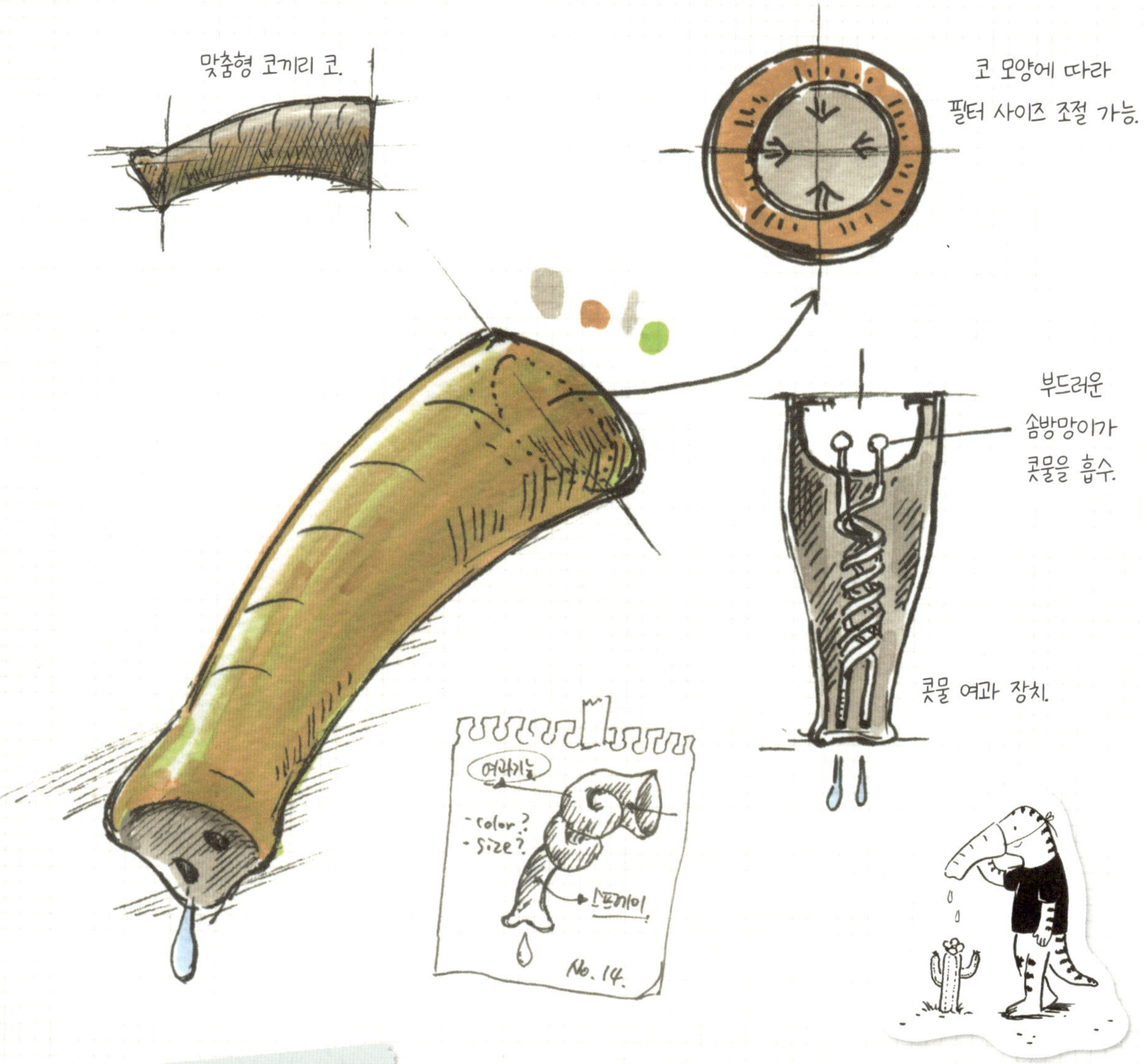

맞춤형 코끼리 코.
코 모양에 따라
필터 사이즈 조절 가능.
부드러운
솜방망이가
콧물을 흡수.
콧물 여과 장치.
여과기능
- color?
- size?
스프레이!
No. 14.

코끼리 마스크의 다양한 기능

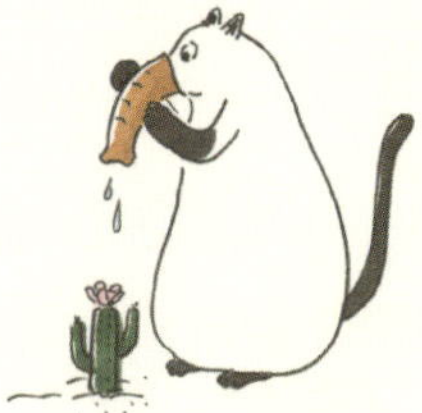

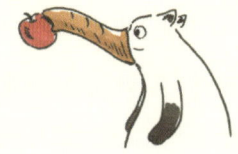

물뿌리개로 사용 가능.

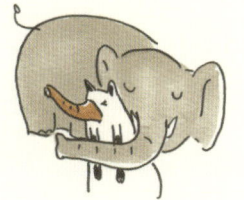

손으로 사용 가능.

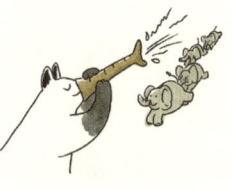

코끼리와 소통 가능.

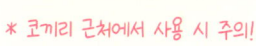

* 코끼리 근처에서 사용 시 주의!

위급 시 나팔 소리로
경고 가능.

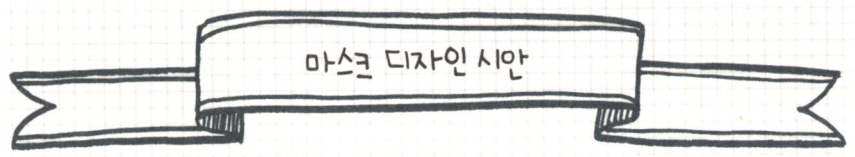
마스크 디자인 시안

루돌프 사슴 마스크

미우는 크리스마스를 좋아하니까.
(귀여운데 기능이 떨어져)

표정 변화 마스크

표정이 있는 마스크는 어떨까?
(좀 더 다양한 표정 연구가 필요해)

방독면 마스크

기능에 충실한 마스크?
(강력한 기능을 가진 것 같지만
왠지 무서워 보여)

나뭇가지 마스크

자연 친화적인 느낌이 들도록
나뭇가지를 이용해 볼까?
(피노키오가 된 것 같아)

문어 마스크

손이 많아서 한 번에 다양한 일을
할 수 있는 마스크는?
(기발한데 너무 거추장스러워)

나팔 마스크

콧물이 나올 때마다 음악이
나오는 나팔 마스크.
(훌쩍이는 소리도 노래가 돼)

수도꼭지 마스크

원할 때만 코를 풀 수 있게?
(수도꼭지를 돌리다 보면
코가 비뚤어질 것 같아!)

나비 마스크

나비의 대롱같은 마스크는 어떨까?
(코를 훌쩍일 때마다
꿀 향기가 나도록 하는 거야!)

실용성과 편리성을
두루 갖춘 신선한
디자인 없을까?

춤추는 선인장

주변이 어두워지면 형광 색으로 변한다.

흥겨울수록 깜빡거림.

비트 박스 지원.

자유자재로 움직이는 손!

신이 날수록 길어지는 팔.

춤이 느려진다 싶을 때 태엽을 감아 줘야 한다.

사막의 고요함이 좋다. 하지만 일 년 내내 그 고요함을 좋아하기란 쉽지 않은 일이다. 가끔 꼬리가 얼얼할 정도로 함께 춤출 누군가가 필요하다. 그래서 보기만 해도 흥이 절로 나는 친구를 만들었다. 이 친구만 있으면 음악이 없어도 신나게 춤출 수 있다. 함께 정신없이 춤을 추면 어느새 산더미 같던 걱정들도 깜빡 잊게 된다. 요즘 힙합에 빠진 나는 비트 박스 기능도 추가했다.

우아하게!   빙글빙글 턴!   엉덩이를 씰룩씰룩~   손가락으로 콕콕!   웨이브까지!

주변의 모든 존재를 춤추게 한다.

확신 도장

매일 실험하는 게 일상인 나에게 실패는 늘 있는 일이다. 이제 웬만한 실패에는 끄떡도 하지 않지만 서른아홉 번째 벽에 부딪혔을 때 결국 무너지고 말았다.
'이게 정말 가능한 일일까?'
'과연 이번엔 잘할 수 있을까?'
이제는 일을 시작하기도 전에 머릿속에 물음표만 가득하다. 마음을 아무리 단단히 먹어도 확신이 서지 않는다. 갈팡질팡한 마음이 들 때 꾹꾹 찍으면 확신을 주는 도장이 있었으면 좋겠다. 그러면 더 이상 도전하는 데 겁내지 않을 수 있다!

① 버섯 계곡에서만 나는 파란버섯을 한 달 동안 달빛에 말린다.

② 말린 파란버섯을 일반 도장과 합친다.

③ 원하는 모양을 새긴다.
* 자신감이 생기는 문구나 그림이면 좋겠지.

④ 꾹 찍기만 해도 확신이 생긴다.

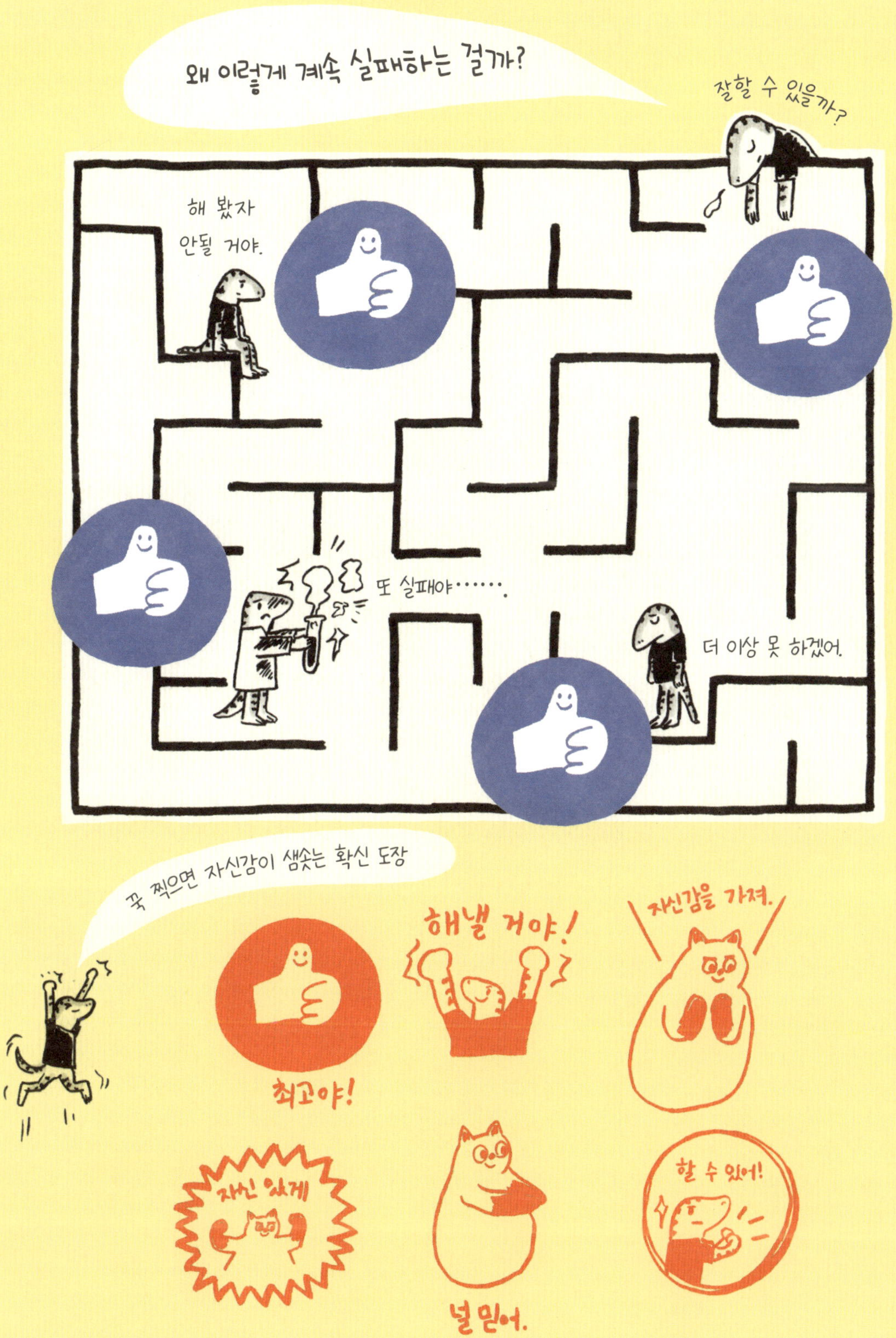

마음 허그 소파

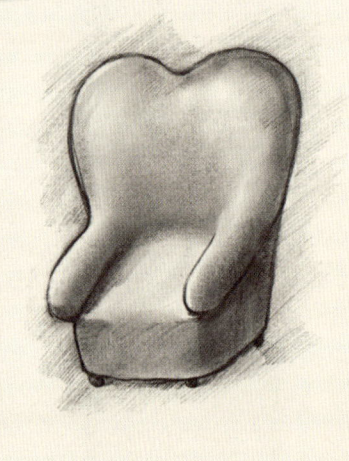

실험에 실패하고 나면 마음이 가라앉을 때가 있다. 이럴 땐 좋아하는 걸 떠올려도 기분이 나아지지가 않는다. 지친 마음을 어루만지고 안아 줄 수 있는 소파를 개발하면 어떨까? 푹 기대앉으면 우울했던 마음은 사라지고 기분이 좋아지는 그런 소파. 누군가의 위로가 필요할 때, 지친 마음을 토닥여 준다면 내일을 기다리고 기대할 힘이 생길 거야!

마음 허그 소파 안내서

가끔 힘든 날

마음 허그 소파에 앉으면 몸을 먼저 꼭 안아 준다.

그다음, 마음까지 감싸 준다.

생각이 막혔을 때 쓰다듬어 주기도 하고

때때로 나의 명상 친구가 되어 주는

앉아 있기만 해도 기분이 좋아지는 최고의 소파!

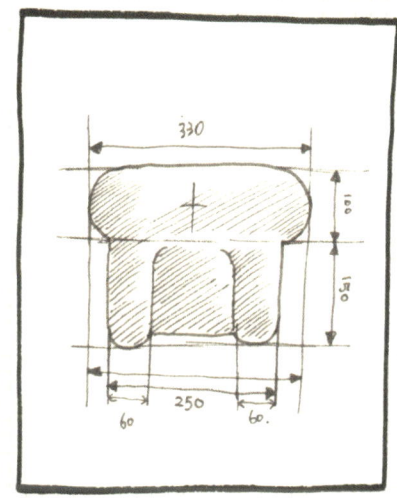

♥️ 편안함을 느끼려면 심장 박동 소리가 들리는 게 좋겠지.

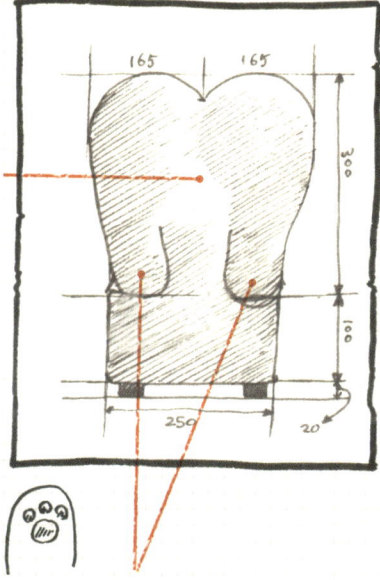

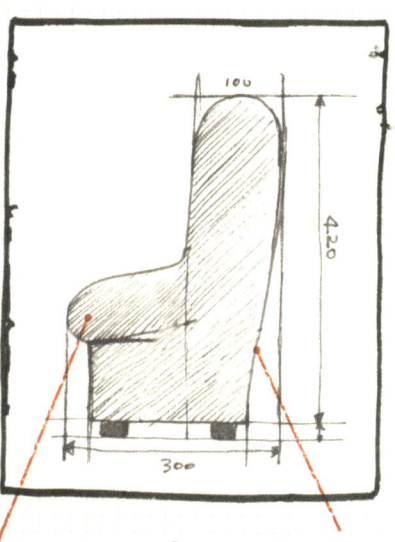

옵션으로 살랑거리는 꼬리를 달아 볼까?

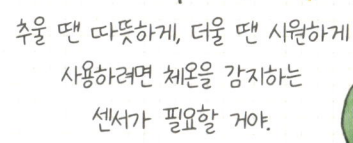

추울 땐 따뜻하게, 더울 땐 시원하게 사용하려면 체온을 감지하는 센서가 필요할 거야.

소파에 들어갈 솜 뭉치를 모으자.

팔 길이는 얼마나 길게 할까?

회상 안경

밤마다 달을 보며 하루 동안 있었던 행복한 일을 떠올린다.
부끄러웠던 순간, 지루했던 순간이 떠오르기도 한다.
여러 순간이 떠오르지만 아무것도 떠오르지 않는 날도 있다.
분명 존재했을 텐데 아무렇지 않게 지나간 순간들.
그 수많은 순간 중, 행복한 순간을 떠올릴 수 있도록 기억을 회상할 수 있는 안경이 있었으면 좋겠다. 그럼 매일매일 작은 행복 한 조각이라도 떠올리며 웃음 지을 수 있겠지.

〈나의 행복한 순간들〉

✿ 큐브 신기록을 깼어.
✿ 멋진 구름을 발견해서 이름을 붙여 줬지.
✿ 진한 핫초코와 도넛을 함께 먹었어.
✿ 오늘따라 연주가 잘되지 뭐야.
✿ 집중해서 발명품을 완성했어.
✿ 우주 최강 히어로가 되는 꿈을 꿨어.
✿ 누군가에게 도움이 되었어.
✿ 고장 난 시계를 고쳤어.
✿ 친구들과 하고 싶은 일에 대해 이야기했어.
✿ 그림 선물을 받았어.
✿ 아무것도 하지 않고 가만히 있었어.

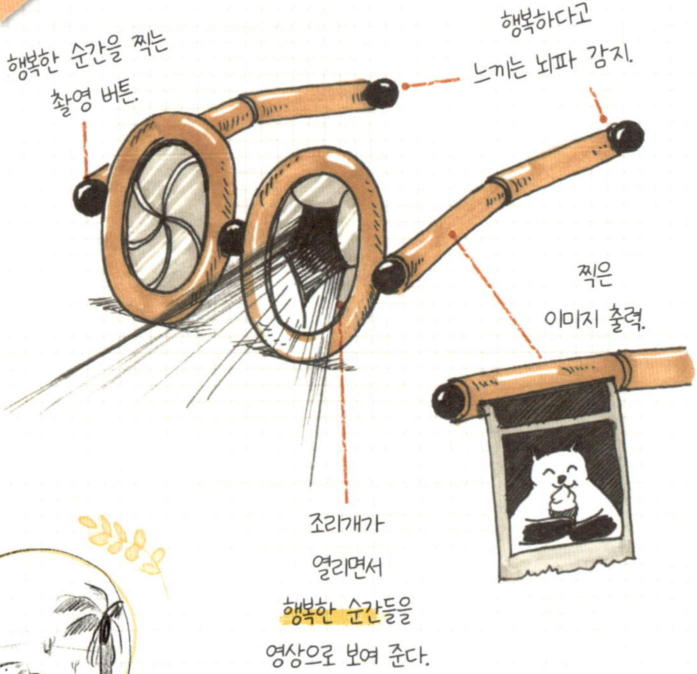

행복한 순간을 찍는 촬영 버튼.

행복하다고 느끼는 뇌파 감지.

찍은 이미지 출력.

조리개가 열리면서 행복한 순간들을 영상으로 보여 준다.

친구와 공유도 가능.

자기 전, 행복한 순간을 떠올리고 싶을 때 사용하면 좋다.